# 당신은 어느 편이죠?

글쓴이 조지 엘라 라이온 | 그린이 크리스토퍼 카디널 | 옮긴이 김하경

엄마, 우리한테 그 노래 불러 줘요.

고인돌

플로렌스 리스와 하젤 디킨스를 추억하며

할란 카운티 주민들과 정의를 위해 노래하는 모든 분들께 바칩니다.
특히 진 리치와 릴 월드 스트링 밴드와
제시 린, 제이슨, 실라스, 앤과 케이트에게바칩니다.
— 조지 엘라 라이온

명예로운 노동과 삶을 위한 우리의 권리를 지키기 위해 일어선
노동자들과 조합원들과 그분들의 식구들과 친구들에게,
이 싸움의 열매를 물려받을 내 아들, 마세오에게 바칩니다.
— 크리스토퍼 카디낼

세계 독서 협회(International Reading Association)가
유치원부터 초등학교까지의 어린이들이 세계의 다양한 문화와 사람들에 대한
이해를 높이는 데 기여를 한 책에 해마다 수여하는 '2012년 올해의 책 – 논픽션 부문'에 선정.

25년의 역사를 자랑하는, 어린이를 위한 다문화 비영리 잡지인
'물수제비뜨기(Skipping Stones)'에 의해 2012년 올해의 책 수상.

아빠가 좁고 낮은 갱도에서 일하신 날이면
가끔씩 어린 동생이 아빠 등 위에 올라가 허리를 밟아 주곤 해요.

우리는 탄광 회사가
회사 땅에 지어 준
사택에서 살아요.

그리고 아빠는 진짜 돈 대신에
회사에서 찍어 낸 회사 돈을 받아요.
회사 돈은 다른 데선 안 되고,
회사 직영 상점에서만
쓸 수 있어요.

아빠는 늘 말씀하셨죠.
아침이면 해가 떠오르는 것처럼
회사는 확실하게 우리 전부를
소유하고 있대요.
그래서 우리는 노조를
가져야만 한대요.

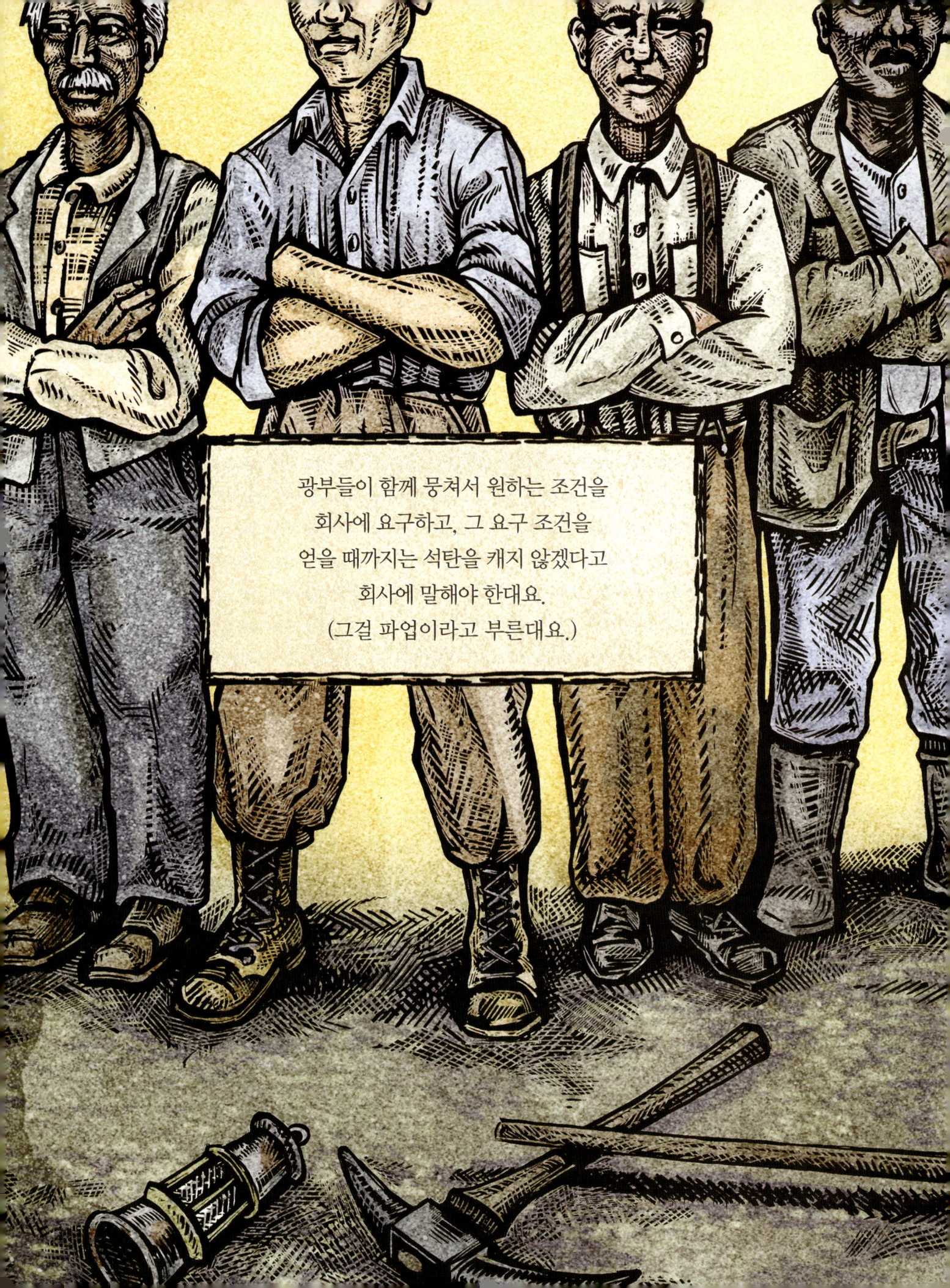

우리는 모두 –
나와 하버, 헤이즐, 레너드, 엘머, 제임스,
그리고 아기까지 침대 밑에 숨어 있어요.
엄마는 문 뒤에서 집 주위를 살펴보고 계시고요.

폭풍을 피해
숨어 있는 게 아니에요.

흑곰이 무서워
숨어 있는 것도 아니에요.

도둑이 겁나서
숨어 있는 것도 아니에요.

블레어 형사 아저씨가 아빠를 잡기 위해 총잡이들을 보냈대요.
그래서 엄마가 전갈을 보내 아빠에게 집으로 돌아오지 말라고 했대요.
아빠는 산 너머로 재빨리 도망치셨어요.

지금 우리 집안 형편은 아주 힘들어요.
그런데 만약 아빠가 돌아가시기라도
하면 우리는 물속에 가라앉은
배처럼 망하고 말 거예요.
그래서 아빠는 아빠 목숨과
노조를 구하기 위해
도망가신 거예요.
우리뿐만 아니라 노조
아저씨들 모두를 위해
그런 거예요.

그 순간 총알 하나가
엄마 손목을 스치고 지나갔어요.

탕!

탕!

탕!

누구 연필 가지고 있니?

주변을 아무리 둘러봐도
연필은커녕 아무것도
보이지 않았어요.
다행히 엄마는
앞치마 주머니에서
몽당연필 하나를 찾았어요.

엄마는 문짝에 종이를 대고는,
마치 책상 위에서 하듯 뭔가를 쓰기 시작했어요.
침대 밑은 좁고 닭장보다 더 더웠지만, 우리는 꼼짝할 수가 없었어요.
아기는 자꾸 훌쩍거렸고, 엄마는 멈추지 않았어요.
엄마가 말했어요. "이럴 때일수록 노래가 필요하단다."

마침내 총소리가 멈추었을 때
우리는 침대 밑에서 기어 나올 수 있었어요.
온몸은 뻐근하고 배도 고프고 집은 엉망진창이었지만
엄마는 노래를 다 만들었어요.

아빠도 집으로
돌아오셨고,
우리 모두를
꼭 안아 주셨어요.

아빠의 말씀처럼 노래는 사람들을 하나 되게 해 주었고
아직도 사람들을 하나 되게 하는 노래로 남아 있대요.

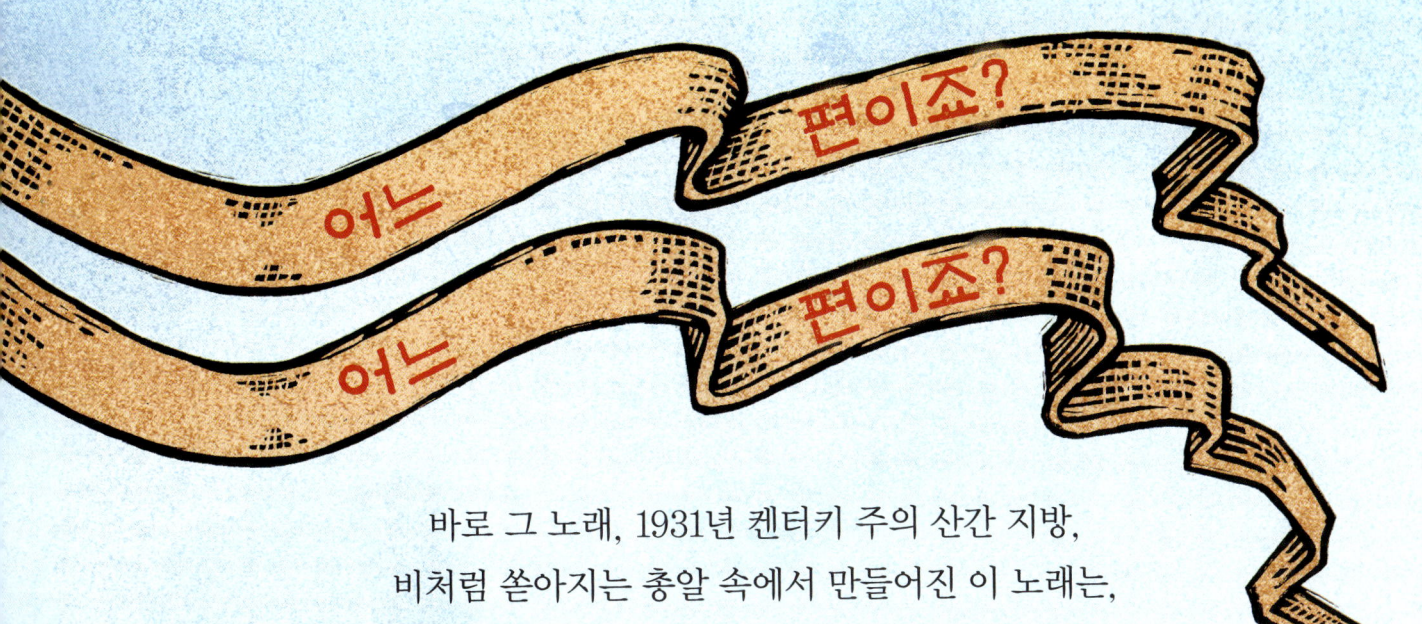

바로 그 노래, 1931년 켄터키 주의 산간 지방,
비처럼 쏟아지는 총알 속에서 만들어진 이 노래는,
그날 이후 전 세계에서 자신의 권리를 위해 싸우는
수많은 사람들이 부르고 있어요.
그리고 엄마, 플로렌스 리스는 그날 이야기를
사람들에게 들려주며 살았대요.

이 사진은 85세 생일을 맞은 플로렌스 리스 엄마예요.

## 글쓴이의 말

인간은 욕심이 많아서 탈입니다. 필요 이상으로 바라고, 자기 몫보다 더 많이 가지려고 합니다. 돈이 많을수록 돈을 벌기 더 쉽습니다. 그리고 대부분의 회사들은 노동자들의 삶의 질보다 회사의 이익을 더 따집니다.

1920년대와 30년대 미국의 켄터키 동부 지역에 자리 잡은 광산촌에서도 사정은 마찬가지였습니다. 광산촌에서 멀리 떨어진 큰 회사 몇몇이 이 지역의 수많은 광산들을 가졌습니다. 회사는 돈만 제대로 들어온다면 광부들에게 어떤 일이 일어나든지 신경 쓰지 않았습니다. 광산 운영자들 —회사의 대리인들— 은 가능한 임금을 낮추고, 광부들의 안전을 위한 시설도 거의 하지 않았습니다. 뿐만 아니라 대부분의 광부들은 미국 달러로 임금을 받는 대신 회사가 발행하는 회사 돈을 받았습니다. 그 돈으로는 일반 가게에서는 물건을 못 사고 회사가 운영하는 매점이나 상점에서만 써야 했습니다. 사정이 이렇다 보니 회사가 운영하는 가게의 물건은 늘 비쌌고, 광부들이 힘들게 번 돈은 결국 회사 주머니로 고스란히 다시 들어갔습니다.

둘 중에 힘이 한쪽으로만 기울어지면 그것을 바로잡기 위한 변화가 필요합니다. 광산의 노동자들에게는 일련의 노동조합들 —전미 광업 노동조합, 전미 광부 연합회— 을 통해 변화가 왔습니다. 광부들은 더 나은 임금과 더 안전한 작업 환경과 건강 보험을 보장받을 때까지 단결해서 파업을 했습니다. 파업을 하는 동안, 노동자들은 작업장 앞에 줄지어 서서 푯말을 들었습니다. 푯말에는 사람들에게 자신들이 왜 파업을 하는지, 자신들의 일자리를 빼앗으러 외부에서 다른 노동자들은 오지 말라는 내용을 적었습니다.

권력의 구조를 바꾸기란 참으로 어렵습니다. 이 이야기는 바로 여기에서 비롯됐습니다. 광산에서 광부들이 노동조합을 조직하려고 하자 광산 주주들은 법을 집행하는 이들을 포함한 지역 관리들에게 뇌물을 주고 광부들을 막으려고 했습니다. 또 그들은 구사대라고 불리는 노동자들을 외부에서 불러들여 파업에 동참하지 않고 광산 일을 하도록 시켰습니다. 파업 노동자들이 석탄 생산을 막지 못하면 그들은 노동자의 유일한 힘, 바로 작업을 멈추고 생산을 막는 힘을 잃습니다. 양쪽에서 격렬한 폭력이 일어났습니다.

보안관의 대리들과 광산 회사가 고용한 총잡이들이 조합 조직원들과 그 식구들을 공격했습니다. 파업 노동자들은 맞서 싸웠고 때로는 구사대를 공격했습니다. 이 같은 폭력 때문에 제 고향인 켄터키 주의 할란 카운티는 별명을 얻었습니다. 바로 피의 할란 카운티지요.

플로렌스의 남편인 샘 리스는 노동조합의 조직원이었는데, 블레어 보안관의 부하들에게 쫓기고 있었습니다. 그들은 리스의 집을 한두 번 공격한 게 아니었습니다. 플로렌스가 '당신은 어느 편이죠?'를 쓴 날도 공격이 최악으로 치닫던 때였습니다. 민요의 전통이 그렇듯이, 플로렌스는 이미 알고 있는 민요 곡조에 노랫말을 지어 붙였습니다. 누구는 그 곡조가 찬송가인 '백합을 낮은 곳으로'라고 하고, 또 누구는 '잭 먼로'라는 민요라고 했습니다. 숱한 노래들이 이런 식으로 생겼답니다. 여러분도 한번 노래를 지어 보세요.

'당신은 어느 편이죠?'가 어디서 처음으로 불렸는지는 아무도 모릅니다. 하지만 이 노래는 그 뒤로 80년 동안 세계 곳곳에서 불리고 있습니다. 유튜브에는 이 노래가 조금씩 다른 형태로 많이 올라와 있습니다.

민요에서 흔한 일인데, 가수들은 필요에 따라 노랫말을 바꾸고 더합니다. "가난한 이들에게 기회란 없죠 / 노조를 만들지 않는다면요"로 끝나는 이 유명한 노랫말은 리스가 발표한 CD 앨범(탄광촌의 부인들 Coal Mining Women)에는 나오지 않습니다. 저는 이 부분을 그림책에 넣었는데 그 까닭은 사람들을 하나로 묶는 구호이고, 또 이 노래를 아는 사람이라면 누구나 이 구절이 꼭 들어 있기를 바라기 때문입니다.

이는 민요가 가진 큰 장점입니다. 리스의 '당신은 어느 편이죠?'처럼 민요의 원곡은 단 한 곡이더라도 수많은 사람들이 그 노래를 새롭게 부를 수 있습니다. 민요는 살아 숨쉽니다. 노래를 부르는 이들이 그 민요에 자신들의 힘과 명분을 더해서 자신들만의 노래를 새롭게 만듭니다.

이야기도 마찬가지입니다. 플로렌스 리스가 노랫말을 어떻게 썼는지 설명하는 많은 이야기가 있는데 그것들도 다 일치하지는 않습니다(집안 식구들에게 한 가지 같은 일을 설명하라고 해 보세요. 식구들마다 설명이 다를 거예요. 사람은 저마다 다르게 기억하기 때문이지요. 게다가 우리의 기억은 변하기도 한답니다).

이 이야기는 릴 월드 스트링 밴드의 단원인 베브 푸트렐 씨의 설명을 기초로 삼았습니다. 푸트렐 씨는 하이랜더 교육 센터 Highlander Education Center에서 열렸던 리스 부인의 여든 다섯 번째 생일잔치에서 부인에게서 이야기를 직접 들었답니다. 오랜 세월 동안, 플로렌스와 샘 리스 부부는 테네시 주의 이 유명한 사회 정의 구현을 훈련시키는 교육 센터와 관련을 맺고 활동했습니다. 이곳은 마틴 루터 킹 목사와 로사 파크 부인과 피트 시거 등 여러 훌륭한 사람들이 우리 사회를 더욱 정의롭게 만드는 방법을 구하기 위해 모였던 역사 깊은 단체입니다.

우리 인간이 만드는 것은 어느 것이나 불완전합니다. 노동조합도 그렇습니다. 돈과 권력을 바리는 욕심이 조합 안에서도 생깁니다. 그러나 노동자들의 작업 환경을 개선하고, 노동자들의 권리를 찾는 데 조합의 긍정적인 역할을 인정하지 않을 수 없습니다.

이 모든 문제들이 오늘날에도 여전합니다. 소수의 사람들이 사회의 부와 권력을 차지하면 부자와 빈자의 빈부 차이는 계속해서 벌어집니다. 여러분이 사는 곳의 사회 정의는 어떤지 한번 살펴보세요. 여러분이 새로운 사실을 알고, 자신의 생각을 결정하고, 자신의 목소리를 내는 데 너무 이른 법은 없습니다. 지금 당장 실천해 보세요. 여러분은 결정할 힘과 힘 있는 목소리를 가졌습니다. 우리가 바로 변화의 주인입니다.

## 참고 자료

- 베브 푸트렐, "당신은 어느 편이죠?"의 소개. 릴 월드 스트링 밴드 연주회, 렉싱턴 출판사, 2004년 6월 5일.
- 리스 부부와 알고 지냈던 프란 앤슬리, 브렌다 벨, 빌 머라, 준 로스튼과의 인터뷰.
- 플로렌스 리스, 급류에 맞서며: 시와 이야기들, 키스 출판사, 녹스빌, 1981.
- 플로렌스 리스가 "당신은 어느 편이죠?"의 일부를 직접 부르고 이야기한 장면을 유튜브(http://www.youtube.com/watch?v=WYr09q9dHSo)에서 볼 수 있고, (http://www.youtube.com/watch?v=Nzudto-FA5Y&NR=1)에서 곡 전체를 부르는 것을 볼 수 있다.
- 플로렌스 리스와 인터뷰한 비디오, 광산 인부 고용 프로젝트 기록 모음집 테이프 119와 140번, 이스트테네시 주 대학.
- 애팔래치아 강연회: 플로렌스 리스와 조지 터커와 다른 사람들이 가진 애팔래치아 지역에 대한 회담, 테네시 주의 하이랜더 센터, 1973.
- "당신은 어느 편이죠?"에 대해 플로렌스 리스와 한 인터뷰, 잡지 Mountain Life and Work, 1942년 3월호.
- 프란 앤슬리, 브렌다 벨, 플로렌스 리스와의 인터뷰. "리틀 데이비드 블루스: 톰 로리와의 인터뷰".
- 다큐멘터리 〈할란 카운티, USA〉, 1976년 아카데미 다큐 부문 수상.
- 로열 존스, '급류에 맞서며'의 서평, 애팔래치안 저널, 1984년 가을호.
- 알렉산드로 포텔리, 할란 카운티 사람들이 말하다, 옥스퍼드 대학 출판부, 2010.

작가는 앞장의 참고 자료에서 언급한 고마운 분들 말고도 이 책을 만드는 데 큰 도움을 준 이들에게 따로 고마운 마음을 전합니다.
- 하이랜더 리서치 교육 기관, 특히 수잔 윌리엄스, 팸 맥마이클, 그리고 캔디 카라완.
- 이스트테네시 주 대학의 애팔래치아 연구 센터의 책임자인 로버타 헤린.
- 이 책을 처음부터 좋아해 준 리차드 잭슨.
- 플로렌스 리스의 사진을 찍은 개리 해밀턴.
- 배우이자 작가이자 교사이자 나의 오랜 동무인 샬롯 놀란.
- 클로버 포크 광산 회사를 방문하도록 주선해 준 로즈 코헬리아.
- 켄터키 주의 사우스이스트 커뮤니티 공과 대학의 문서 보관 책임자인 래리 라폴렛.
- 이스트테네시 주 대학의 대학 문서 책임자인 네드 어윈.

책에 그림을 그린 작가도 고마움을 전합니다.
- 켄터키 주의 할란 카운티에 사는 자신의 친한 동무인 샬롯 놀란을 내게 소개해 준 루이스 홀먼.
- 할란을 찾은 우리를 따뜻하게 맞아 주고 번거로움도 마다하지 않고 자신들의 고향을 안내해 준 샬롯 놀란과 로즈 코헬리아와 그녀의 딸인 캐서린. 이들의 도움은 내가 당시의 기록을 그림으로 생생하게 되살리는 데 큰 역할을 했습니다.
- 매 순간마다 나를 응원하고 도와준 내 식구와 동무들: 샤론과 마세오와 안토니와 밥과 피제이와 리카르도와 콜린.
- 한 주일을 단위로 그림 목표를 달성하도록 도와준 에릭과 멜리사와 로렌
- 켄터키 주의 컴벌랜드의 킹덤 컴 주립 공원의 야영지에서 좋은 이웃이 되어 준 제임스 카우치.
- 제프리와 스콧 그리고 크리스티안.

작가와 그림작가가 함께 고마워하는 분들입니다.
- 이스트테네시 주립 대학, 애팔래치아 연구소의 팻 제라드, 존 플리노, 에이미 콜린스.
- 벤험의 켄터키 광산 박물관의 필리스 시저모와 마이크 오브라도비치.
- 켄터키 린치에서 퇴직한 광부인 칼 W. 벅 쇼프와 켄터키 벤험에서 퇴직한 광부인 로드니 S. 애덤스.
- 1957년에 문을 닫은 클로버 포크 광산 회사의 사무실과 회사 상점들을 안내해 준 마리 휘트필드.
- 켄터키 주 할란 카운티 도서관의 브라이언 W. 휘트필드 주니어.
- 사우스이스트 켄터키 커뮤니티 공과 대학의 애팔래치아 연구소의 에드젤 T. 굿베이.

최종 그림 작업의 마스킹과 구도잡기를 위해 특히 애쓴 샤론 크윅에게 큰 고마움을 표합니다.

### 당신은 어느 편이죠?
초판1쇄 펴냄 | 2013년 12월 25일

글쓴이 · 조지 엘라 라이온 · 그린이 · 크리스토퍼 카디낼 · 옮긴이 · 김하경 · 편집 · 장순일 · 디자인 · 인디나인
펴낸이 · 정낙묵 · 펴낸 곳 · 도서출판 고인돌 · 출판등록 · 제 406-2008-000009호. 주소 · 경기도 파주시 문발동 617-12 1층 우편번호 413-120
전화 | (031) 943-2152 · 전송 | (031) 943-2153 · 손전화 | 010-2261-2654 · 전자우편 | goindol08@hanmail.net
인쇄 | (주) 미래프린팅

값 13,000원
ISBN 978-89-94372-61-7 77840

Which Side Are You On? The Story of a Song.
Copyright ⓒ2011 by George Ella Lyon
Illustrations copyright ⓒ2011 by Christopher Cardinale.
All rights reserved.

Korean translation Copyright ⓒ2013 by Goindol Publishing
Arranged through Icarias Agency, Seoul

이 책의 한국어판 저작권은 Icarias Agency 를 통해 Cinco Puntos Press 과 독점 계약한 도서출판 고인돌에 있습니다.
저작권법에 의하여 한국 내에서 보호를 받는 저작물이므로 무단전재와 복제를 금합니다

「이 도서의 국립중앙도서관 출판시도서목록(CIP)은 e-CIP 홈페이지 (http://www.nl.go.kr/ecip)와
국가자료공동목록시스템(http://www.nl.go.kr/kolisnet)에서 이용하실 수 있습니다. (CIP제어번호: CIP2012026444)」